GW01314312

This book belongs to

....

Эта книга принадлежит

....

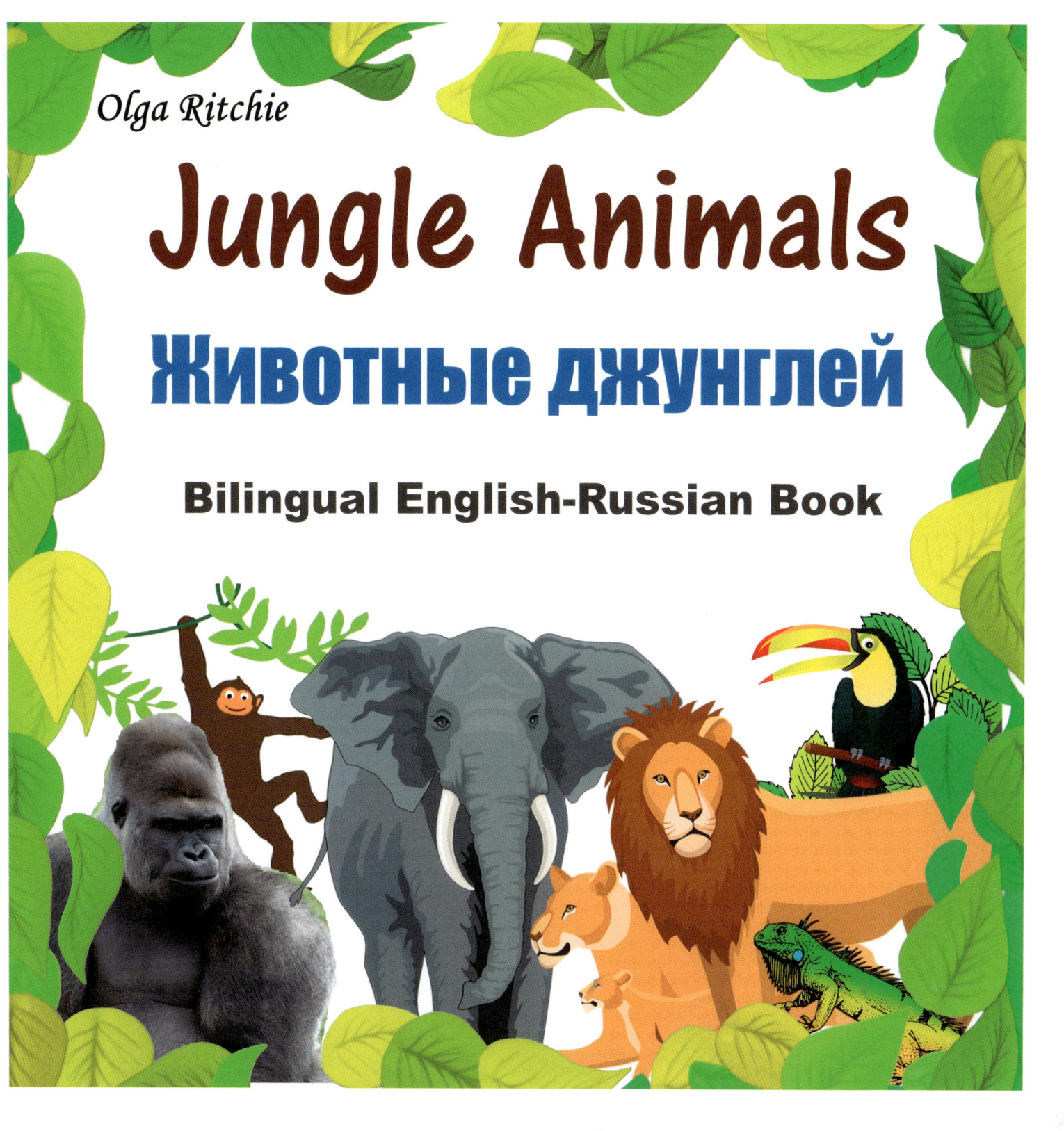

Olga Ritchie

Jungle Animals

Животные джунглей

Bilingual English-Russian Book

I am a lion. I am the king
of the jungle.

Я - лев.
Я - король
джунглей.

I am a tiger. I like to hunt.

Я - тигр. Я люблю охотиться.

I am a jaguar. I can climb trees well.

Я - ягуар. Я умею хорошо лазить по деревьям.

I am an anaconda. I am the largest snake in the world.

Я - анаконда. Я самая большая змея в мире.

I am a toucan. I have a large, colourful beak.

Я - тукан. У меня большой, разноцветный клюв.

We are chimpanzees. We like to swing and hang in trees.

Мы - шимпанзе. Мы любим висеть и качаться на деревьях.

We are parrots. We swoop around the branches.

Мы попугаи. Мы кружим вокруг ветвей.

I am an elephant. I have big ears and a trunk.

Я - слон. У меня большие уши и хобот.

I am a leopard. I like to hunt at night.

Я - леопард. Я люблю охотиться ночью.

I am a crocodile. I am the biggest reptile in the world.

Я - крокодил. Я самая большая рептилия в мире.

I am a gorilla. I like to eat fruits.

Я - горилла. Я люблю есть фрукты.

I am a macaw. I am very loud and talkative.

Я - попугай макао. Я очень громкий и болтливый.

I am a paradise bird. I like dancing.

Я - райская птица. Я люблю танцевать.

I am a spider. I have eight legs.

Я - паук. У меня восемь ног.

I am a tree frog. I like to sleep during the day.

Я - древесная лягушка. Я люблю спать днём.

I am an iguana. I can swim and dive into the water.

Я - игуана. Я умею плавать и нырять в воду.

I am a bat. I can see in the dark.

Я - летучая мышь. Я вижу в темноте.

I am an ant. I have a big family.

Я - муравей. У меня большая семья.

I am a sloth. I like to hang upside down.

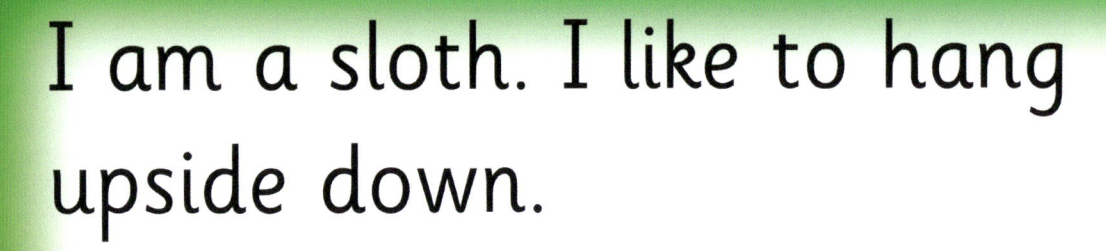

Я - ленивец. Я люблю висеть вверх ногами.

In the series "Bilingual English-Russian Books":

В серию "Книги для детей-билингвов на английском и русском языках" вошли:

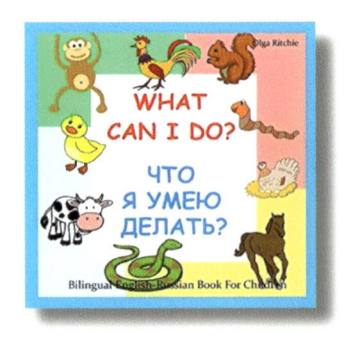 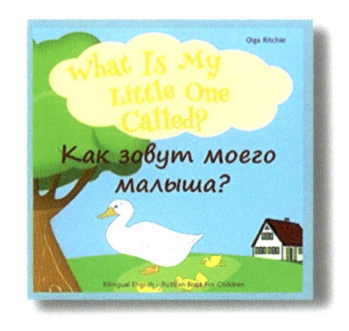 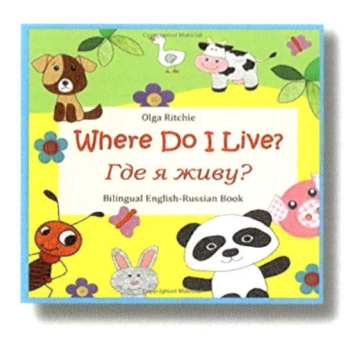

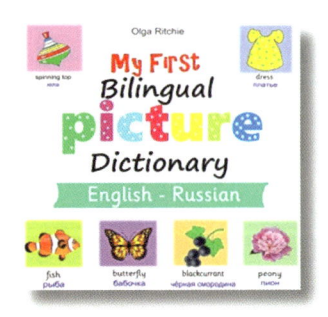 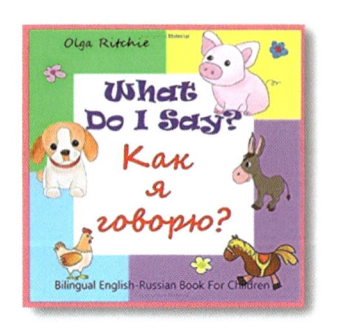 

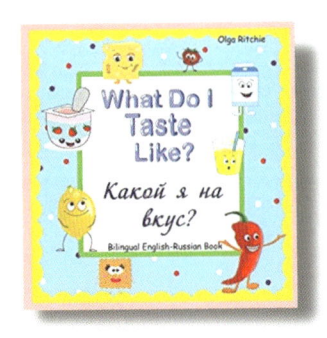 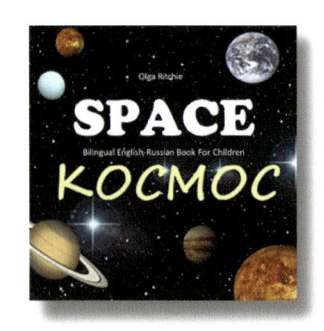